MOI, MAMAN ?

Éditions Eyrolles
61, boulevard Saint-Germain
75240 PARIS Cedex 05
www.editions-eyrolles.com

ISBN : 978-2-212-57270-4

MOI, MAMAN ?

Tiffany Cooper

Éditions
EYROLLES

Pour ma petite cacahuète.

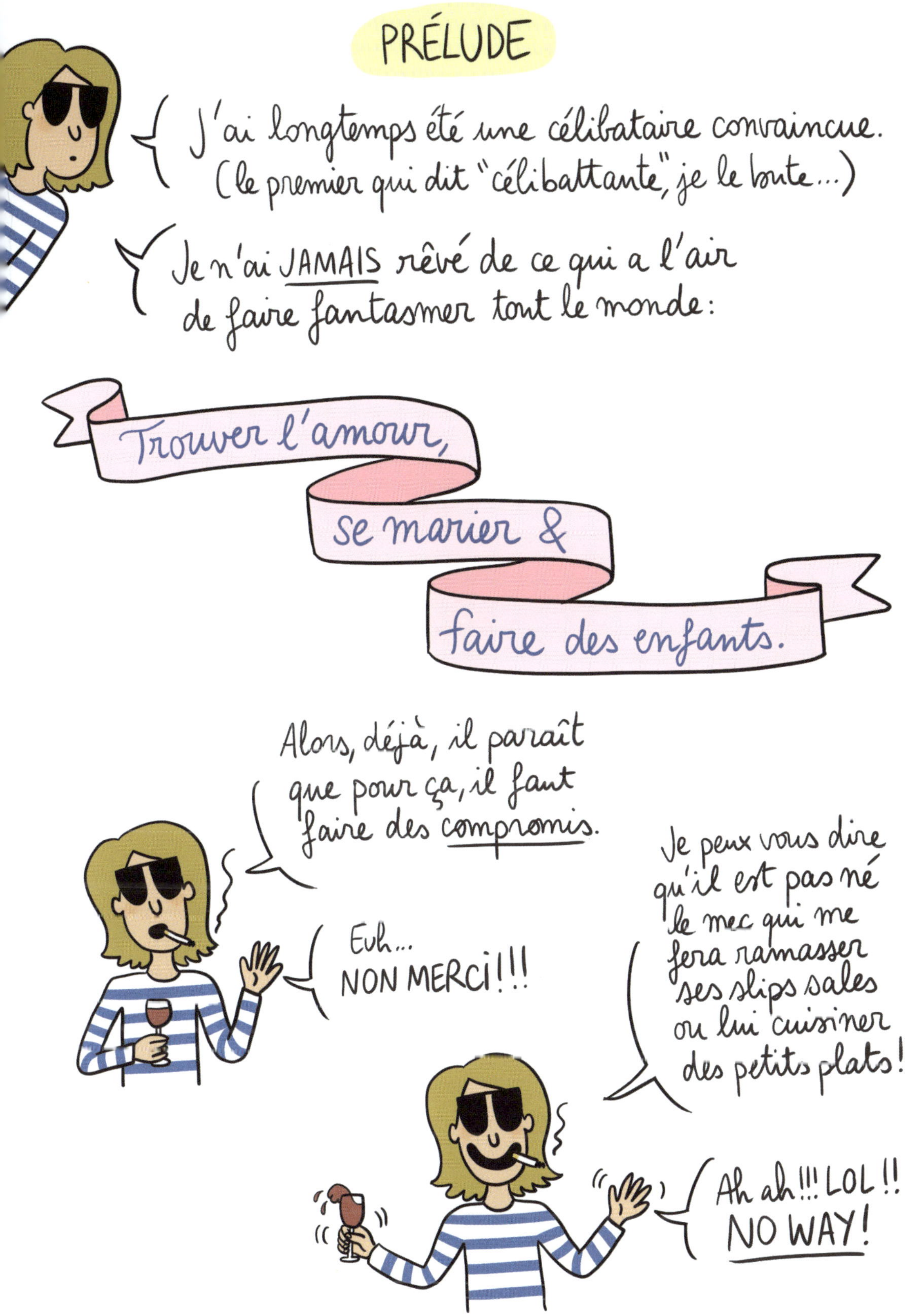
PRÉLUDE
J'ai longtemps été une célibataire convaincue.
(Le premier qui dit "célibattante", je le boute...)
Je n'ai JAMAIS rêvé de ce qui a l'air de faire fantasmer tout le monde :
Trouver l'amour, se marier & faire des enfants.
Alors, déjà, il paraît que pour ça, il faut faire des compromis.
Euh... NON MERCI !!!
Je peux vous dire qu'il est pas né le mec qui me fera ramasser ses slips sales ou lui cuisiner des petits plats !
Ah ah !!! LOL !! NO WAY !

* lire "Karl's Secrets" (2015, Éd. Marabout)

Je rêvais d'aller m'installer à Los Angeles...
... de créer une série animée aussi cool que "American Dad" ou "Rick and Morty"...
It would be a story about a French caniche called Jean-Claude...
SO FRENCH!! I LOVE IT!
... et de me faire interviewer un jour par Jimmy Fallon ou Ellen De Generes...
So, Tiffany, tell us about your new show "Jean-Claude"!
It sounds AMAZING!
Haha! Of course Jimmy! Can I tutoie you?

Bref, j'aspirais à une vie simple et sans prétention...

Qu'est-ce qu'on leur trouve, franchement ??

BWÂÂÂ!!!
Allez hop! Au bain!
GÂÂÂ!
SPRÔTCH
SPLAT
Wiiiiii!!!
T'inquiète, ils seront bientôt couchés...
COOKIES

Sans parler de ce que ça fait au corps... et aux couples !!!
Deux ans que j'ai accouché et je continue de tremper mon slip à chaque fois que j'éternue...
J'ai pris vingt-ching kilos pendant ma grossesse... Encore quinche kilos et che rentre dans mon maillot !!
CROUNCH CROUNCH
On divorce avec Nico... J'ai découvert qu'il me trompait depuis que Mathéo est né...
Faut dire qu'on baisait plus trop...
ELLE N'EST TOUJOURS PAS COUCHÉE ??
De toute façon, c'est moi qui vais me lever demain, comme d'habitude !!

... et puis un jour, j'ai fait une chute
qui a changé ma vie ...

« SHEBAM! POW! BLOP! WIZZZZZ! »

Serge GAINSBOURG

Donc c'est vrai, c'est décidé ? Tu ne veux pas d'enfants ??!
Houla !!! Pitié, non !

On en reparle quand tu tomberas amoureuse !
AHAHAHA!!!
N'importe quoi!!!
Tu nages en plein délire, ma pauvre !!
Moi, tomber amoureuse ? POUAF !!! Les comédies romantiques t'ont grillé le cerveau !!!
L'amour, c'est un concept marketing, un truc pour faire vendre !
L'attirance, c'est un phénomène scientifique, rien de plus !!

Ahahaha! Et pourquoi pas rencontrer le prince charmant pendant qu'on y est ?! LOL !!!
AAAAH !!!
ATTENTION
Chantier en cours
AAAAH !!!

AAAAH!!!

AAAAAH!!!

POW!

EN FAIT, L'AMOUR C'EST TROP BIEN !!!
AVOIR QUELQU'UN AVEC QUI TOUT PARTAGER
Blablablablablablablabla alors je lui ai dit blablabla et devine ce qu'elle m'a dit blablablablabla...
Alors bon, tu dois te demander : "Comment c'est possible ?", eh ben j'ai justement une théorie sur le sujet...
FAIRE L'AMOUR COMME DES FOUS
Pff... Les gros relous du dessous se plaignent encore du bruit...
Peut-être que si on criait leurs noms, ça les mettrait plus à l'aise ?

DEVENIR COMPLÈTEMENT CON
Mon amour, tu es PARFAIT!! Je vais te CLONER et t'offrir au MONDE!!!
Euh... À part ma mère, très peu de gens sont de ton avis...
AVOIR UN SOUTIEN DANS LES ÉPREUVES DE LA VIE
HAN!! Ce CACHOU de l'ESPACE qu'on s'est collé!!!
B... b... bois ce shot... euh, verre d'eau, avec cette aspirine...
QUELQU'UN QUI VOUS POUSSE À RÉALISER VOS RÊVES
On ne comprend pas ton dessin, c'est pas assez drôle...
EUH... Qui de nous deux est payé pour faire de l'humour ?

PASSER SES WEEK-ENDS AU LIT, DEVANT NETFLIX, AVEC DU POP-CORN ET DES MARGARITAS
Ouiiiii !!!!
TCHIN !
(Entretenir son alcoolisme aussi...)

DEVENIR TRÈS (TROP) INTIME... AVEC SON PHARMACIEN

MAIS L'AMOUR, C'EST AUSSI...
Car c'est inévitable...
FAIRE DES CHOSES QUE VOUS VOUS ÉTIEZ JURÉ(E) DE NE PAS FAIRE
Houlalaaa! C'est LOURD!! Ma main... peine... à... ramasser... AÏE... ce... caleçon... pour le mettre au sale... JUSTE LÀ...
SE DISPUTER POUR DES CONNERIES
Eh ben! Finie la belle époque où tu me faisais croire que tu matais des films de Denis Villeneuve...
Ben quoi ?! Ça a l'air cool "Rampage", non ?
Mon amour, c'est prêt!!!
Ouiii!!!

DÉCOUVRIR LA JALOUSIE

ÊTRE INFLUENCÉ PAR L'AVIS DE L'AUTRE

J'ai annoncé la couleur dès le début :

Et pourtant, ça ne l'a pas empêché d'en parler...

Il en parlait souvent…
Et quand on aura un bébé…
Nooon…
Non, non, non !
Nope !
TROP SOUVENT !!!
Je veux pas te mettre la pression hein, mais si tu ne veux vraiment pas d'enfant, il faut me le dire !
Moi j'en veux !
Donc si toi tu veux pas…
GAAAH !!! Mais arrête !!
Je ne sais pas !!
Je ne me sens pas prête !
Jusqu'au jour où j'ai eu une révélation…
ÇA Y EST MON AMOUR, JE SUIS PRÊTE !!! Je t'aime tellement !!! Avec TOI, oui, j'ai ENVIE de faire un enfant !!!
J'arrête la pilule demain !
Hein ??!
Houla !! Haha !!! Hahaaa… Oui, bon ben, laissons-nous quelques semaines pour y réfléchir, hein…
Rien ne presse !
Haha

Et si elle est très froide ?
Et si c'est pas assez profond ?
Et si...
Sautons ! On verra bien !!
Awaouwaou...

« J'Y VAIS, MAIS J'AI PEUR. »

Les Bronzés font du ski (1979)

On s'est donc lancés...
Bon, mon amour, on se lance, mais on y va cool, hein ?
Ben oui!!!
On se met pas la pression, hein? On se donne un an pour y arriver.
OK, OK!
Et si au bout d'un an ça n'a pas marché, on va consulter... Mais pas avant, OK?
Oui, OK!
No stress, pas de pression... Il faut que ça reste cool et sympa!
Parce que je te connais toi, hein!
Mais ouiii!!!
Rhooo!
Une semaine plus tard...
scroll scroll scroll
PING!
Oh!!!
Amour? Apparemment j'ovule à partir d'aujourd'hui...

fuck off
Il va BIEEEN fallois y aller cette semaine, pour optimiser nos chances !
SI TU VOIS C'QUE J'VEUX DIRE...
Dit comme ça, c'est excitant !

Quelques semaines plus tard...
Minou ??
Ça y est ! J'ai un jour de retard !! Et j'ai les nichons tout gonflés !!
Je suis enceinte, j'en suis sûre !!
Ouiii, j'ai un test de grossesse !!!
Rentre vite !!! Comme ça, on le fait ensemble !!!
Ouiii ! À tout de suite !!
Vingt minutes plus tard...
Alooors... Comment ça marche ce truc ?
Ben, il faut juste pisser sur le bâton, non ?
Ça donne le résultat en trois minutes...
Cool !!! J'y vais !

Ohlala... Imagine, si tu es enceinte !!!
FOLIiiiE !
PSSS...
Ce serait TROP COOL !!! Si vite en plus !
Hein ?
PSSS...
PSSS...
Mon Dieu, je vais être un PAPA !!!
GLOUPS !
ZIP !
ALORS ??? ALORS ???
Ben attends ! Je viens de le faire !!
Plus que quelques minutes à attendre...
Ouiii !!!
Plus que quelques secondes !!!
Ohlalala, quel SUSPENSE !!!
Dis-moi quand ça s'affiche !

Oh zut... "Pas enceinte"...
HEIN ??!
T'es sûre ??
Montre-moi ça...
C'est là ! Ça dit : "Pas enceinte"...
C'EST PAS LE TEST QUI NOUS DIT SI ON EST ENCEINTE OU PAS !!!
IL S'EST PRIS POUR QUI C'UI LÀ ?
Euh... Ça va la folie ou bien ?
RÂÂÂH !!!...
LA PROCHAINE FOIS, JE VEUX VOIR DES BÂTONS, PAS DES "PAS ENCEINTE" ! C'EST PAS LE TEST QUI DIT !!!!!...
"No stress, pas de pression... Il faut que ça reste cool !"
LOLILOL !

Bonjour Cédric! On n'est pas satisfaits de ce produit...
Un remboursement, c'est possible?
Hem hem

Un mois plus tard...
Attention, tu vas te faire mal!
smoutch
Et voilà, c'est fini!
BWÂÂÂ!!!
Hou!!! Ben alors??!
HHH!!! LA PETITE FILLE ELLE VOULAIT JUSTE JOUER AVEC LES AUTRES ENFANTS!
BWAHAHÂÂÂ!!
Mais mon chat... C'est un film!!
BWÂÂÂ!!!
Oh bah alors?! T'en as gros sur la patate toi, dis donc!
Snif snif
Je sais pas pourquoi j'ai réagi comme ça, ça m'a pris d'un coup...
Pardon...
C'est pas grave mon amour, ça arrive!

Pfiouuu… Je suis toute hormonale en ce moment…
Toi, tu as besoin d'un gros câlin !

Quelques jours plus tard...
YOUHOU !!! Y'a quelqu'un ?

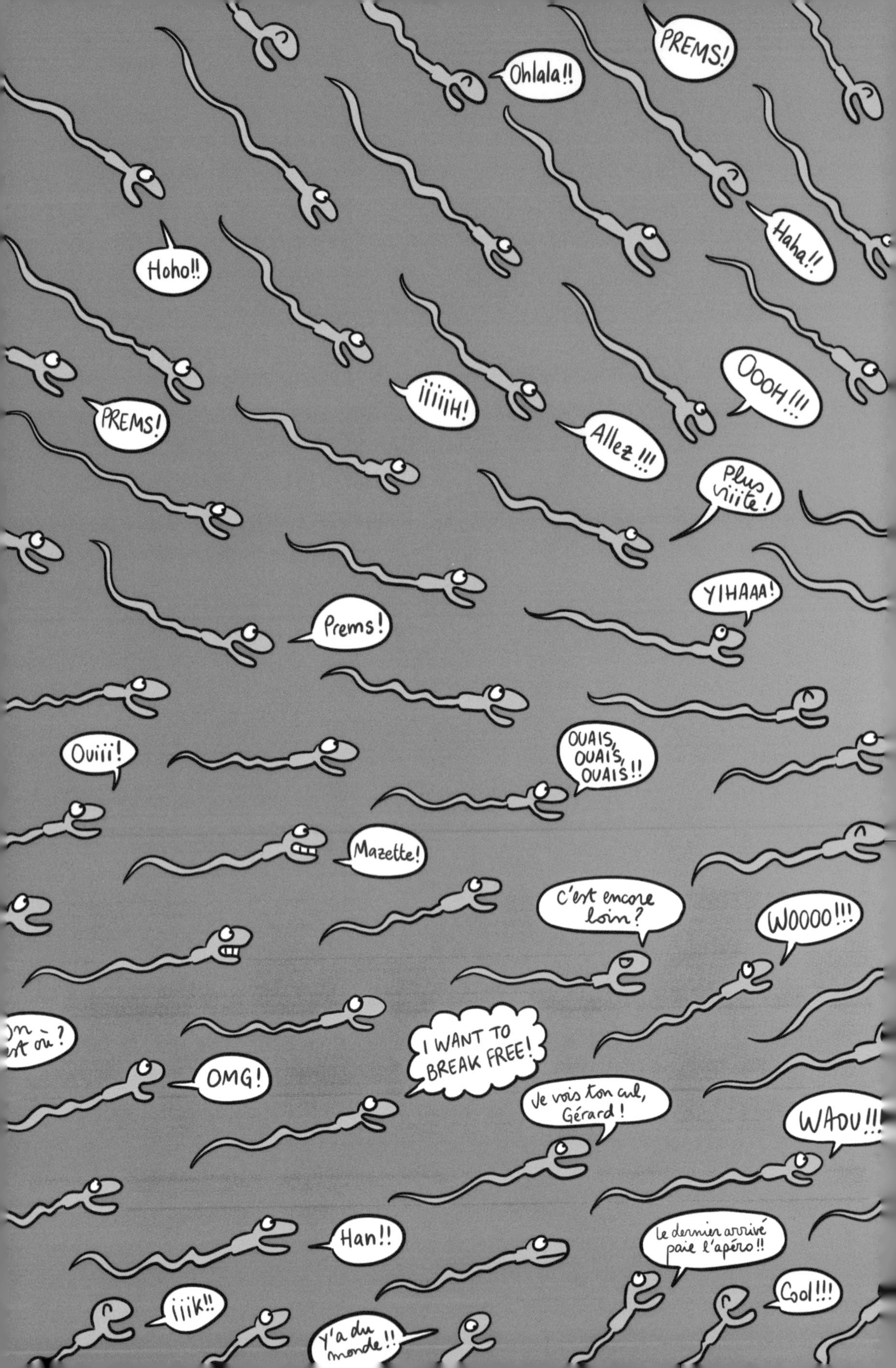
PREMS!
Ohlala!!
Hoho!!
Haha!!
OOOH!!!
PREMS!
iiiiiH!
Allez!!!
Plus viiite!
YIHAAA!
Prems!
Ouiii!
OUAIS, OUAIS, OUAIS!!
Mazette!
C'est encore loin?
WOOOO!!!
I WANT TO BREAK FREE!
OMG!
Je vois ton cul, Gérard!
WAOU!!
Han!!
Le dernier arrivé paie l'apéro!!
Cool!!!
iiik!!
Y'a du monde!!

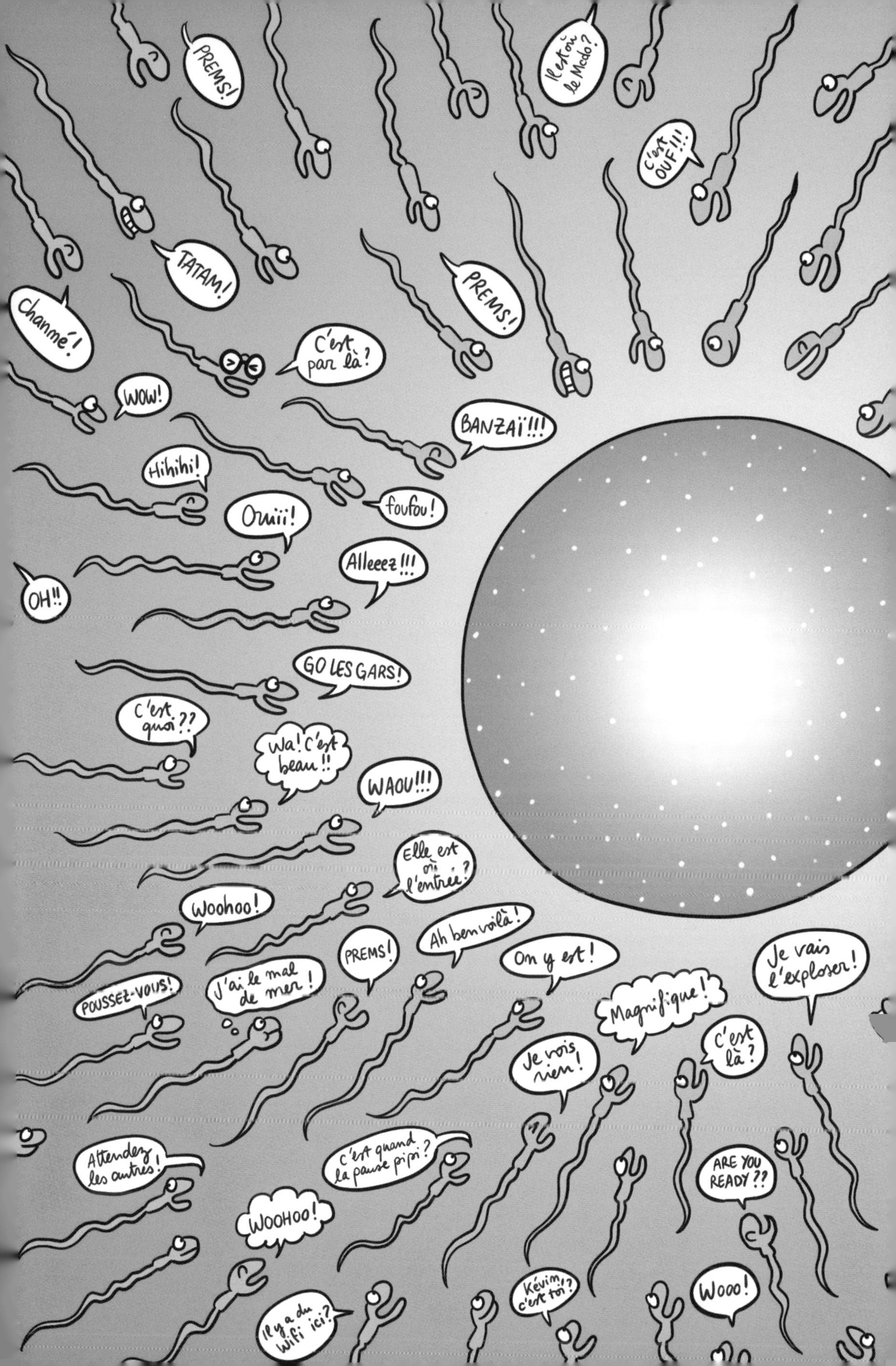
PREMS!
Il est où le Mcdo ?
C'est OUF!!!
TATAM!
PREMS!
Chanmé!
C'est par là ?
WOW!
BANZAÏ!!!
Hihihi!
foufou!
Ouiii!
Alleeez!!!
OH!!
GO LES GARS!
C'est quoi ??
Wa! C'est beau!!
WAOU!!!
Elle est où l'entrée ?
Woohoo!
Ah ben voilà!
PREMS!
J'ai le mal de mer!
POUSSEZ-VOUS!
On y est!
Je vais l'exploser!
Magnifique!
C'est là ?
Je vois rien!
Attendez les autres!
C'est quand la pause pipi ?
ARE YOU READY ??
WOOHOO!
Kévim c'est toi!?
Wooo!
Il y a du wifi ici ?

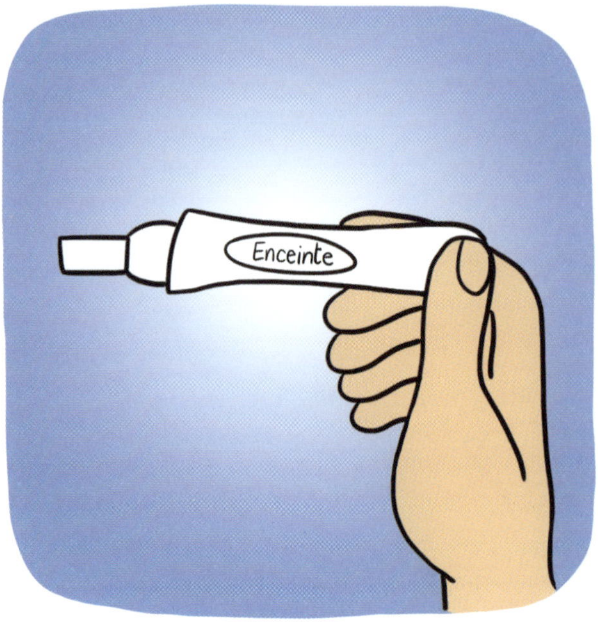
Enceinte

Enceinte

« TU VERRAS, C'EST MAGIQUE. »

Une connasse dont je tairai le nom

OH. MY. GOD!!!
WOOHOOO!!!
Je suis ENCEINTE!!!
Mais non!!!
WOW!!!
Il faut que je prévienne Thomas de ce pas!!!
Je vais lui envoyer une photo du test positif...
HAHA!!! J'aimerais tellement voir sa TÊTE!!!
Hmm... Non... Un truc pareil, ça ne s'annonce pas par texto!
JE VAIS ALLER LUI ANNONCER DE VIVE VOIX!!!
PLUS VITE MONSIEUR!!!
WOOHOO!!!
Complètement cinglée celle-là...

Salut minou !
essaie d'avoir l'air super normale
CHUTTT !!!
Pas de "minou" ici !!!
Qu'est-ce qui t'amène ?
Oh, rien de spécial ! Je passais par là...
Tu veux quelque chose à boire ?
On peut aller dans un café plutôt ?
Je veux te parler d'un truc...
Pourquoi ?? J'ai fait quelque chose que j'aurais pas dû ???
HAHA !!! Mais non !!!
Pas du tout !
Tu verras, c'est rien de grave...
Hmm...

Alors, de quoi tu voulais me p...
REGARDE !!!
QUOI ??! ÇA Y EST ???
OUIiii !!!!
T'es content ?
Oui, oui, mais ne nous emballons pas...
Le mois dernier, on s'était emballés et on a été déçus... Donc, attendons au moins les résultats du test sanguin...
Non ?
AVOUE : tu te chies dessus !
PAS DU TOUT !!!
Bon, tu sais quoi, si t'as peur de t'emballer, PAS DE SOUCI !!!
Moi, j'ai envie de me RÉ-JOUIR !!!

On va fêter ça… CHAMPAGNE !!!
NON, NON, NON !!! Pas pour elle !!!
Ah oui, merde, c'est vrai… Bon, ben… un coca…
Champagne pour moi, merci !
HAN, RELOUUU !!! Pas d'alcool pendant NEUF MOIS !!!
Tchin ?
Tu te rends compte, on va devenir des PARENTS !!!
C'est OUF !
HOULÀ !!! Attends, attends !
Déjà, tu peux faire une fausse couche…
Han, le casse-ambiance !
ET PUIS IL FAUT VOIR S'IL EST PAS TRISOMIQUE OU SI C'EST PAS DES TRIPLÉS OU S'IL LEUR MANQUE PAS UN BRAS OU UN OEIL OU…

LA PREMIÈRE CONSULTATION CHEZ LA GYNÉCO

Pendant les fêtes, je pourrai quand même boire une petite coupe de champagne ?
AH NON !!! ZÉRO ALCOOL pendant TOUTE la grossesse !!!
Dormez plutôt sur le côté gauche. Pas de trajets trop longs en voiture. Évitez le café, le thé, c'est mauvais pour le bébé. Attention aussi aux cosmétiques, il faut éviter ceux avec des huiles essentielles...
Nettoyez bien votre frigo... et vos légumes avec du vinaigre blanc... Fuyez les chats.
Évitez les sucreries. Pas de légumes crus au restaurant. Zéro charcuterie. Écran total pour éviter le masque de grossesse. Huilez-vous bien partout pour éviter les vergetures...
À part le Doliprane, aucun médicament n'est vraiment autorisé. Évitez donc de tomber malade, ce serait embêtant...
Profitez-en ! C'est une expérience UNIQUE dans la vie ! Et ça ne dure que quelques mois !
Eh ben, putain... Encore heureux !

LE CHOIX DU PRÉNOM

Et celui-là ?
Ohlala non !!! C'est super franchouillard !!
Ah, ça j'aime bien !
J'ai connu un chien qui s'appelait comme ça... Hinhin...
Et ce prénom-là ?
Deux de mes ex s'appellent comme ça...
Ben, on s'en fout, non ?
ALLÔÔÔ ! T'es ouf ? Direct chez le psy le gosse !!
Ah... Celui-là, c'est beau, non ?
C'est le prénom de cette POUFFE qui te drague depuis des années !!!
Je te trouve un peu difficile...
Appelons-la "Grosse pute" directement !
Eh ben, t'as sucé un clown ??

* La chaîne YouTube "Neo&Swan", signes des prémices de l'apocalypse !!!

Ça, c'est le nom d'un mec qui se tape toutes les p'tites meufs du lycée...
Ouiii... Tellement!!!

JOIES DE LA GROSSESSE

HHH!!!
Quoi... Qu'est-ce que j'ai dit ?
HHHH!!!
Pardon...
J'ai rêvé de ce moment depuis mes treize ans!!!
Snif!!

AD NAUSEAM

Alors, comme ça, tu es enceinte ?
Ouiii !!!
Félicitations ! C'est fou ça !!
Ça va, tu vis pas ça trop mal les nausées ?
Non, c'est cool, j'ai ZÉRO nausées !!
Ah bon ?
Pas trop constipée ?
Pas du tout !
Des vertiges ? Des chutes de tension ?
Non, non...
Et la nuit, ça va ? Moi, je faisais de ces insomnies !!
Ah non... Je dors bien...
T'as pas l'impression que tes nichons vont EXPLOSER ?
Euh... Non.
Des hémorroïdes ?
Non.
Des contractions de Braxton Hicks ?
Des paillettes arc-en-ciel dans tes selles ?
Quoi ??
Des infections urinaires ?
Non...
Des mycoses à gogo ??
Je... Euh... Non...

Tout va bien Docteur... Ça m'inquiète beaucoup.

LE MASSAGE FEMME ENCEINTE

TEN-DUE
TEN-DUE
TEN-DUE!
Il faut vous détendre! Le stress, c'est mauvais pour le bébé...
Vous travaillez assise, c'est ça?
Rhalala... C'est aussi mauvais que de fumer, vous savez?
Enfin bon, je dis ça, je dis rien!!
Bon... J'ai dû insister sur les cuisses, parce que vous commencez à stocker... Faites attention...
Alooors!!! Comment c'était ce massage?

PREMIÈRES CONNEXIONS

Okaaay... Je vois!
Attends un peu le dessert, tu vas devenir OUF!!
BOM
On est pas fan de la compote de poire alors...
Booon...
Ah mais je sais ce qui va te faire kiffer, attends!
Héhé... Je t'avais bien dit!!!
BAM BAM BAM!!!

La naissance... d'une mère et de son enfant
BABY FOOD
BABY FOOD
ACCOUCHER À LA COOL
être mère
NEUF MOIS à t'attendre
BÉBÉ, QUI ES-TU?
ACCOUCHER SOUS HYPNOSE
Psychanalyse & grossesse
GUIDE DES PRÉNOMS
PERNOUD 2018
La DISCIPLINE POSITIVE
PILATES femme enceinte
YOGA & GROSSESSE
Et après?
CHANGER UNE COUCHE pour les NAZES

Euh... Tu voudrais pas lire un roman pour changer? Un livre qui parle pas de bébé ou de développement personnel?
COMPRENDRE LES PLEURS DE VOTRE BÉBÉ
La péridurale c'est quoi?
LES SECRETS pour trouver une place en crèche

LA LISTE

Ça y est ! J'ai mis au point une liste de tout ce qu'il faut acheter pour le bébé !
Ah ouais ? Vas-y, ça donne quoi ?
Aloooors... Il nous faut : une poussette facile à porter et à plier. Un berceau, un lit pour quand il aura quatre/six mois... Des pyjamas, des pantalons, des bodies, des gilets, des chaussettes, un bonnet, deux gigoteuses, des draps-housses...
Des carrés coton, des langes, des capes de bain, une baignoire, de l'huile d'amande douce, un thermomètre pour lui, un pour le bain... Une combi pilote pour cet hiver, un porte-bébé, un transat, des biberons, un Babycook, des tétines...
Des couches pour nourrisson, un babyphone, un doudou, un hochet, une veilleuse, une boîte à musique pour l'endormir...
Ah, et il faudrait acheter des rideaux occultants, lui faire une table à langer...

Il faut penser à aller faire la reconnaissance anticipée de l'enfant à la mairie... L'inscrire dès maintenant en crèche pour essayer d'avoir une place... Il faudrait se renseigner sur les crèches privées, mais c'est un budget ! Ou alors chercher une assistante maternelle.
Il faudrait qu'on s'inscrive à la CAF aussi. Pour ça, je vais avoir besoin d'une copie de ta carte d'identité et de tes trois derniers avis d'imposition. Il faut qu'on demande si on a le droit au "complément libre choix du mode de garde", et si oui, à combien on a le droit...
Mmm... Ah oui, il nous faut du sérum physiologique en grande quantité... Il paraît qu'il vaut mieux avoir un humidificateur d'air aussi... et un mouche-bébé !
Pour lui aspirer sa morve quand il est enrhumé... Hem...
Il faudrait faire quelques travaux dans l'appart aussi... Préparer mon sac pour la maternité, laver tous ses vêtements avec une lessive hypoallergénique... Voilà, en gros ! Mais j'oublie des trucs, c'est sûr...

On se prendrait pas un chien plutôt ?
Une panière et des croquettes...
Trop tard baby !!!

LE SENS DES PRIORITÉS

LE COUP DE VIEUX

C'est moi ou tu parles comme un vieux depuis que tu sais que tu vas devenir papa ?
Balivernes...

TOUT VIENT À POINT...

6 MOIS
AHAHAAA!!! Trop GOLRI cette vidéo...
7 MOIS
Oh, désolée Madame, je n'avais pas vu! Souhaitez-vous ma place?
WOOHOO!!!
PUTAIN, C'EST PAS TROP TÔT!!!

LA PRÉPARATION À L'ACCOUCHEMENT

L'HAPTONOMIE

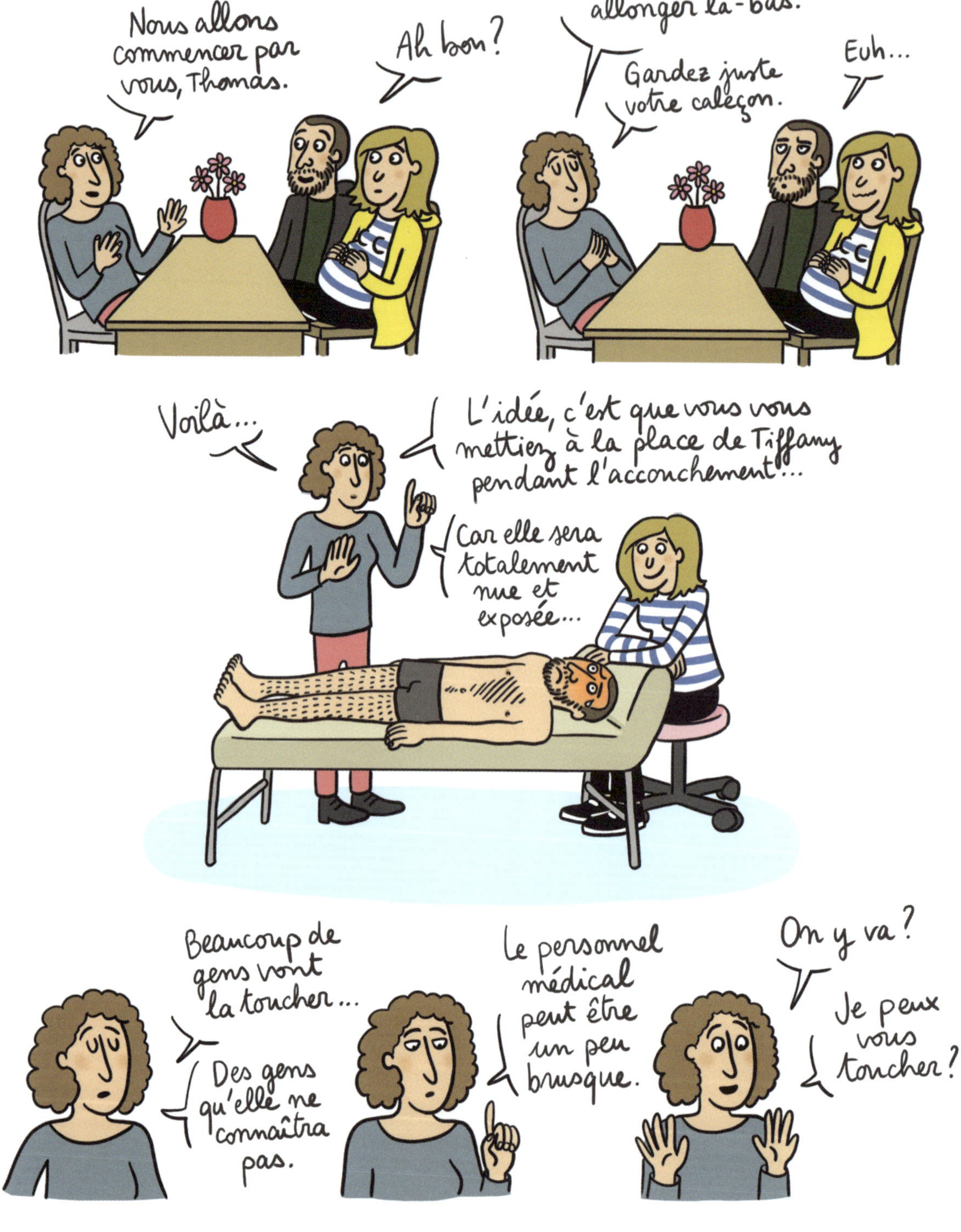

LES COURS À L'HÔPITAL

LES CONSEILS DES EXPERTS
Pour préparer l'accouchement, il faut BIEEEN détendre ton périnée…
Sinon, CRAC !
Crois-moi, j'ai vu ça à la télé… Il faut utiliser le ballon là… Tu vois ? Que tu te mets dans le vagin et que tu gonfles avec une pompe…
mime le geste
NAAAN !! Ce qu'il faut, pour détendre bien ton périnée, c'est le MASSER !
Oui, mais comment ?
Ben tu prends TON POUCE et tu le fais tourner dans ton… enfin, tu vois quoi, à l'entrée quoi… Et tu appuies BIEN FORT pour tout détendre…
Euh…
NON MERCIIII !!!

LES TÉMOIGNAGES DE SURVIVORS
Ahlalaaa... Mon accouchement ? C'était une BOUCHERIE !!!
BWÂÂÂ !!!
Désolée, c'est encore frais !!!
Je ne me remettrai JAMAIS de la DOULEUR !
J'ai fait une hémorragie, j'ai perdu des SEAUX de SANG !!!
Personne ne m'avait prévenue !
Les connasses, elles disent RIEN !!!
Moi, ma fille m'a littéralement DÉCHIRÉE en sortant... SHLACK !
J'ai eu quarante douze points de suture...
J'ai failli MOURIR !! Si, si, je te JURE !!! Je suis sortie de mon corps et je me voyais d'en haut, dans un bain de sang !
Mais SIIII, j'te jure !!!
Oh, ça a juste duré vingt-six heures d'agonie pure... Ils ont fini par me faire une césarienne, regarde...

« Une sortie, c'est une entrée que l'on prend dans l'autre sens. »

Boris Vian

RHHH...
UN BÉBÉ C'EST FASTOCHE
le meurtre de Sharon Tate

THOMAS!
THOMAS!!
THOMAS!!!
AAAH!!! QUOI? QUOI??!
JE VIENS DE PERDRE LES EAUX!!!!!!
QUOI?? DÉJÀ??!
T'es sûre que tu t'es pas juste pissée dessus ?
BEN OUI BANANE!!!
ON VA AVOIR UN BÉBÉ!!!
SPLISH
SPLASH
Bon, il faut faire quoi maintenant ?
Houlaaa!
Je vais regarder sur internet !

Ça dit qu'il faut aller directement à l'hôpital...
...Sinon tu risques une infection.
COOL !! Je vais chercher le sac de maternité !
Ah bon ? Tu l'as déjà préparé ??
OUiii !!! REGARDE !!
FROUTCH
J'ai pensé à TOUT !! Même à des magazines et des TWIX, si on doit attendre longtemps...
TWIX
XXL
GOSSIP MAG
Mais aussi des bananes, des amandes, de l'eau en spray...
Oui, bon, tu vas pas me faire un inventaire...

Je vais prendre une douche et on y va !!!
ÇA Y EST !!! ON VA AVOIR UN BÉBÉ !!!
C'est FOU, non ?
SPLISH SPLASH
XXL
GOSSIP MAG

XXL
GOSSIP MAG

URGENCES MATERNITÉ

LE PRÉ-TRAVAIL

THOMAS!!! JE...
Euh... J'AI... J'AI...
Tu as QUOI mon amour??
J'AI SUPER BESOIN DE PÉTER!!!
Mais j'ose PAAAS!!
Mais bien sûr mon amour! Vas-y, pète, si ça te fait du bien!!!
Tu seras toujours une princesse à mes yeux...
GNNN... c'est vrai?
PROUT!!!
GNNN!!!
BWAHAHAA!!!
Je te jure, si tu racontes ça à qui que ce soit, je te bute...

AVANT LA PÉRIDURALE
RAAAAH!!!!
VRRR
VRRR
VRRR
PLUS JAMAIS J'AURAI UN GOSSE!!!
VRRR
VRRR

APRÈS LA PÉRIDURALE
POULOULOU!!! On n'est pas bien là ??? Détendus du périnée ?
TCHIC
TCHIC
TCHIC TCHIC
TCHIC
OHOUWOOOW
NANANAOUUU!
OH BABY!

LIBÉRÉE, DÉLIVRÉE

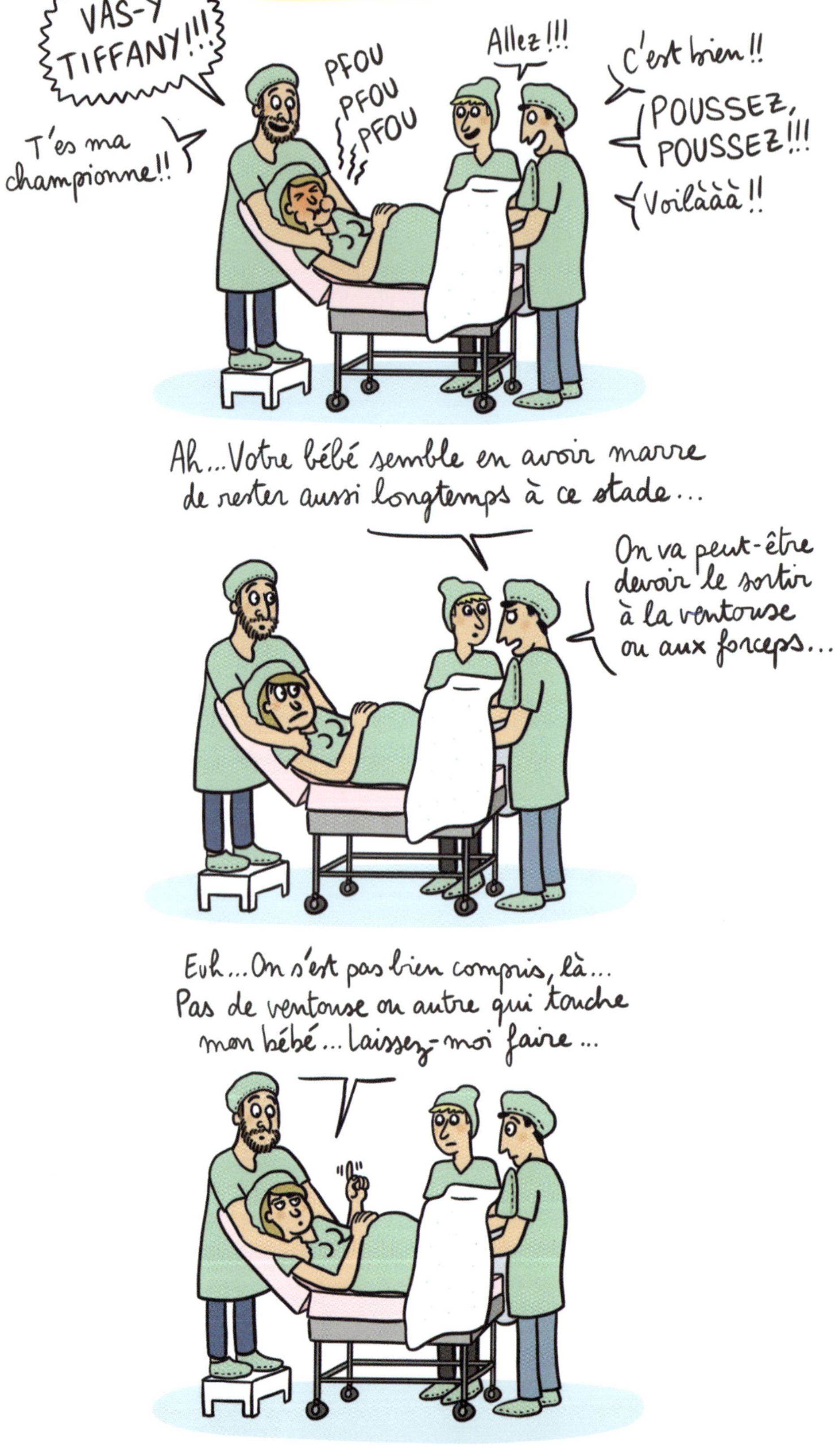

IT'S THE EYE OF THE TIGER
IT'S THE THRILL OF THE FIGHT!
NANANAAA!
VAS-Y MINOUUU!!!
PFOU PFOU GNNN!!! PFOU
OOOH!
ÇA Y EST, IL SORT!!!
JE LE TIENS!!! Vous voulez le prendre ?
OUIIIN!!!
Euh...

OOOOH T'ES BÔÔÔÔ !!!!
Ouiiiin!!!
OH CE P'TIT MINOU!!!
OH LALA LALA
Salut toi...
chnip chnip

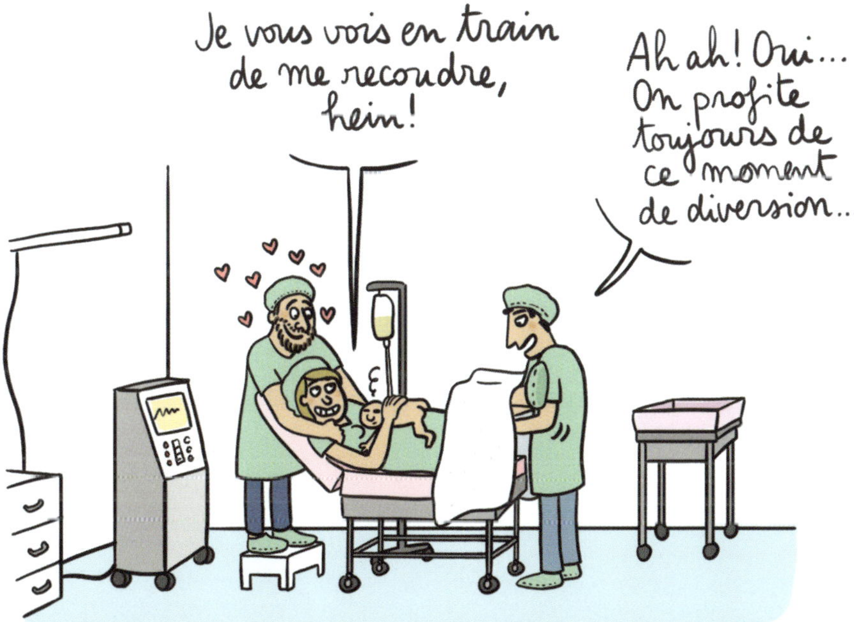
Je vous vois en train de me recoudre, hein !
Ah ah ! Oui... On profite toujours de ce moment de diversion...

« YOU ARE THE SUNSHINE OF MY LIIIIIFE »

Stevie Wonder

ALORS, ÇA Y EST, TU AS ACCOUCHÉ ??!! COMMENT TU TE SENS ?
Sublime...

SE METTRE DANS LE BAIN

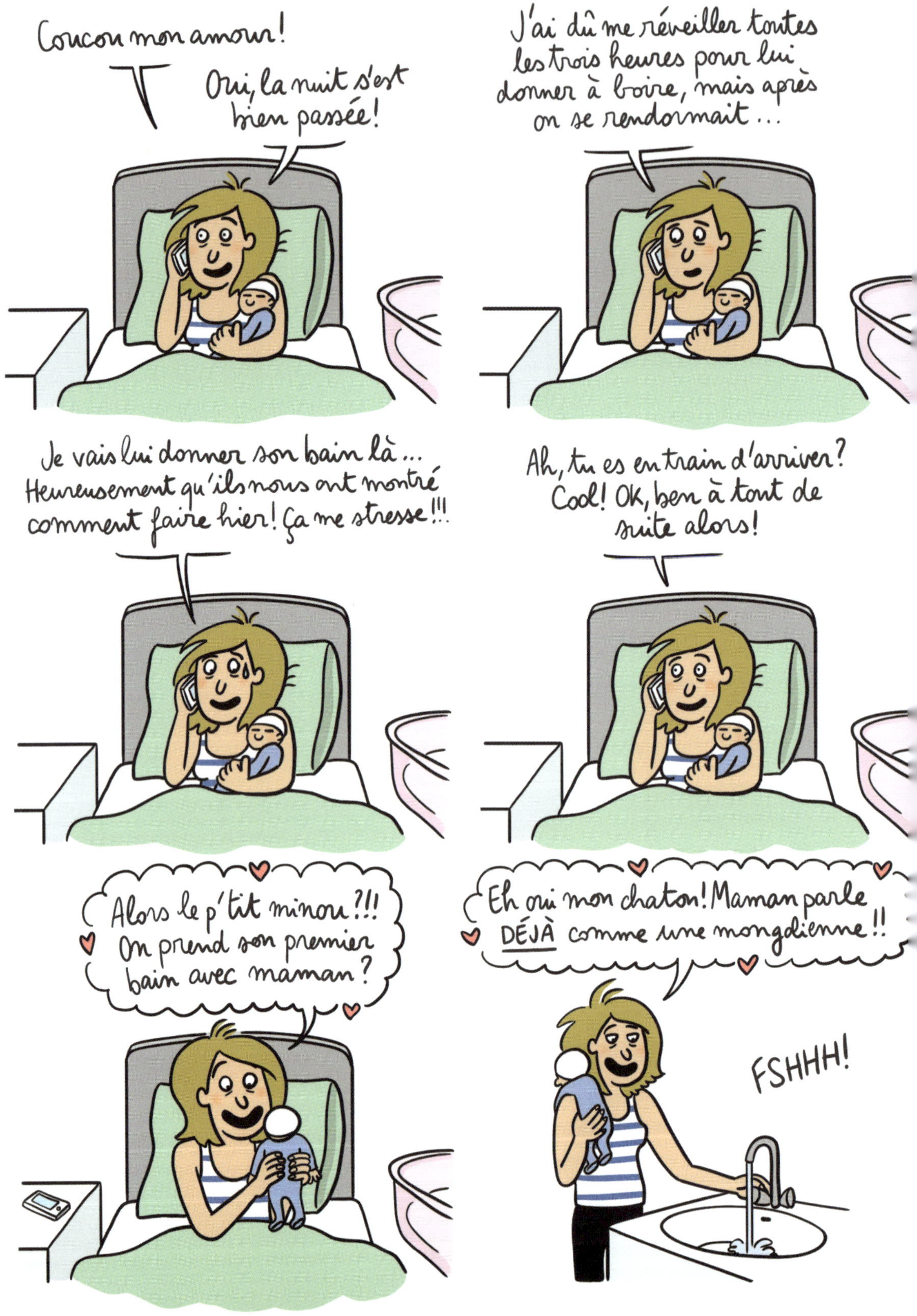

Trente-cinq degrés, c'est parfait !
Allez, hop ! À poil le p'tit minou !
C'est partiii mon petit chaaat !!
Alors, elle est bonne ?
HHHH !!!
SPLISH SPLISH SPLISH
BWÂÂÂ !!!
SPLASH SPLASH
Ben mon chat !!! Qu'est-ce que t'as ?
BWÂÂ ÂÂÂ !!!
Tu… tu as froid ??
BWÂÂÂ !!
L'eau est trop chaude ?

Coucou les p'tits chats !
BWÂÂÂ !!!
Euh... Ça va, tu t'en sors mon amour ?
Oui, oui !
BWÂÂÂ !!!
HHH !
HHH !!!
Tu veux de l'aide ?
Non, non, ça va...
BWÂÂÂ !!!
CLIP CLIP
Mais parle-lui, Tiffany ! Là, t'es toute tendue et il le sent !
MAIS EUH !!!
BOUHOUHOU !!
BWÂÂÂ !!!
Ben alors, qu'est-ce que t'as ?
TU SAIS PAS MIEUX QUE MOIII !!!
BOUHOÛÛÛ !!!
Mais non, je ne sais pas mieux que toi, mon amour !!
Moui mais on aurait un peu dit quand même !!
snif

Tu lui parles tout le temps, alors quand tu arrêtes, tu coupes le contact ! Il sent que quelque chose ne va pas...
Oui, mais je voulais aller vite pour qu'il n'ait plus froid...
Tu peux l'enrouler bien serré dans une serviette par exemple, puis continuer de lui parler !
C'est ce que je voulais faire !
Je ne sais pas mieux que toi, mon amour ! Je te donne juste un conseil pour que tu te sentes mieux et que lui aussi...
Moui...
Et tu vois ? Au final, tu as réussi à le calmer !

ET APRÈS ?

PLAN DE L'HÔPITAL
LE RETOUR À LA MAISON
à 14h
Bonjour !!! Tout le monde a trouvé une place ?
OUIIII !!!
Alors... Ce cours est destiné à vous préparer au retour à la maison.
Avez-vous des questions ?
Mon bébé demande le sein toutes les trente minutes... c'est normal ??
Oui... Est-ce normal ?
Ah ah !!!
Voilà pourquoi vous avez l'air au bout de votre vie...
Oui, c'est normal !!! Le sein, c'est à la demande !

À partir de quand puis-je recommencer à boire de l'alcool?
Sivouplé...
Vous allaitez?
Non.
Ah ben alors dès à présent si vous le souhaitez...
POP!!!
Enfin, attendez la fin de la réunion s'il vous plaît...
Nous avons douze chats à la maison!
Ça pose problème pour le bébé?
Nooon... Pas du tout...
Néanmoins, il ne faut JAMAIS laisser un bébé seul avec un chat ou un chien...
JA-MAIS!
Et les chinchillas, ça pose problème?
MFFF...
les chinch...?
Euh... Oui je crois que ça va!
Une autre question?

Ouihaaan… À partir de quand peut-on transporter notre bébé à vélo?
Pasqu'on en fait tous les jours!
kimono sexy
SO GLAM
SO COOL
SO SHINY
tattoos de bad boy
Haha!
Ouhlala!!! Pas tout de suite, hein!
Attendez qu'il tienne assis!
Un an au moins!
Notre bébé fait des cacas… JAUNES!! Est-ce normal???
Ouiii! Tout à fait!
Les nouveaux-nés font des cacas jaunes, moutarde, verts, orange et j'en passe!
Des vrais coloristes, hihi!
Mon bébé pleure SANS ARRÊT… Ça me donne des envies de m… euh…
Ahem… Enfin, vous voyez!
Alooors… AHEM!!
Quand vous êtes un peu… à bout, pensez bien à POSER bébé et à aller prendre l'air dans la pièce à côté…
SURTOUT, ne le secouez pas dans tous les sens!!

Puis-je couper les ongles de mon bébé ?
Y sont un peu longs...
AWAOUWAOU !
NON, NON, NON ! Surtout pas !!
Il faut les LIMER !
Sinon vous risquez de lui faire TRÈS TRÈS MAL !
Si mon bébé a de la fièvre, je fais quoi ?
OHLALAAA !!
VOUS COUREZ AUX URGENCES !!!
OOOOH !!!
Quand est-ce qu'on peut recommencer à... avoir des rapports sexuels ?
Ahlala... L'OBSESSION !
Quand Madame se sentira prête...
Hem hem...
D'autres questions... ?

HOME SWEET HOME
ARAKI
FOOD DESIGN

Champagne?
OUIIIII!!!

LA BOÎTE À SONS

PROUT
RHHH!!!...
Pas de doute: c'est bien son fils!!!

LE PARCOURS DU COMBATTANT

Allez mon minou! T'es prêt?

SSURANCES
COURAGE MINOU!
ON VA Y ARRIVER!!!

BOUCHERIE

YES WE CAN

Allez, c'est parti, je lance le chrono!
Épreuve numéro UNE...
VAS-Y!
Non... Pas là!
GNNN!!!
Il faut déclipser le truc rouge...
Ah oui!
CLIC
CLAC!
ET VOILÀÀÀ!!!
Okaaay, pas mal...
Attention, ça se corse!
Épreuve numéro DEUX!
Avec une PELUCHE dans les bras...
Et... C'EST PARTI!!!
Euh...
CLIC
CLAC!
TADAAAM!!!
Eh ben heureusement que c'est une peluche!
Attention: ÉPREUVE ULTIME...
AVEC LE BÉBÉ DANS LES BRAS!!!
HAN, LE STRESS!!!
Vas-y, passe-le moi...

CLIC
CLAC!
WOOHOO!!!
BRAVOOO!!!
Héhé, t'as vu?
Du premier coup!!!
Ça y est, tu es prête à te servir de la poussette!
Je suis fier de toi!
GNAGNAGNA... À ton tour, mon coco!

SHPLAFPHONE

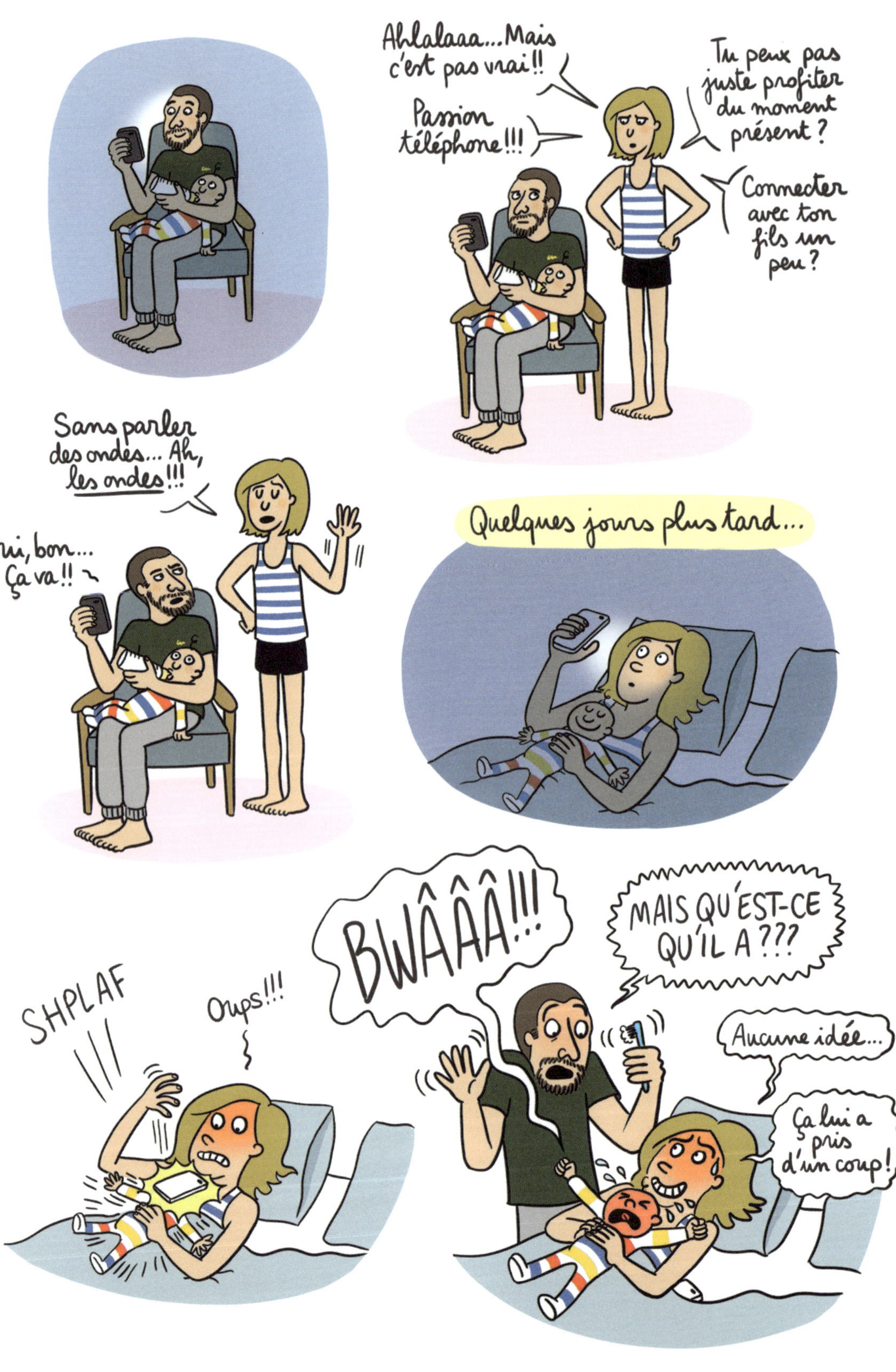

Ah ah ah ! Quoi... ça ? C'est juste son biberon qui lui est tombé des mains !
Vous avez de l'ibuprofène pour les bébés ou pas ?
Ahem...

LA FIN DES PRIVILÈGES

LE MONDE

FANTASME
Il faut parler à votre bébé comme vous le feriez avec un adulte, c'est une personne.
Les bébés sont des êtres intelligents, il faut les traiter tels quels...
Oui, oui ! BIEN SÛR !!!
Évidemment !

VS RÉALITÉ

MIAOÛÛÛ! MIAOÛÛÛÛ!!! !!!
HOÛÛÛÛ le P'TIT MINOÛÛÛ!!!
Le chat-chat!
Ma petite cacahuète en sucre!!!
Mon trésor d'amoûr!
GÂÂÂ!
OOOH!!! Tu as fait un PROUT dans ta cou-couche? Hihi!!
MÂÂÂ!!!
Mon chaton!! Maman est fa-ti-guée aujourd'hui, alors il va falloir être cool, OK?
COOL COOL COOL!
Awaouwaou!
GNOM GNOM GNOM!!!
Maman elle mange ta main!!! OUH! C'EST BON LES MAIIINS!!!
ÏÏÏK!!!

LA GESTION DU STRESS

Le lendemain...
KOF KOF
KOF!!
HHHHHH HHH!!
TIFFANY!!!
IL A DU MAL À RESPIRER!!!
Euh...
Il a juste le nez un peu bouché, c'est rien!
ON A UN MOUCHE-BÉBÉ??!
Ah non, tiens...
C'est le seul truc que j'ai oublié d'acheter...
Un commentaire à faire, peut-être?

MAIS SI ON LE MOUCHE PAS, IL VA S'ÉTOUFFER ET MOURIR !!!
Rien que ça...
BWÂÂÂ !!!
Bon, mon chat, là il sent que t'es stressé...
Reste cool...
Je vais aller acheter un mouche-bébé à la pharmacie de garde, OK ?
BWÂÂÂ !!!
Oui OK...
Trente minutes plus tard...
C'est bon, j'ai trouvé !
Minou ?
CLING CLING

RHHH...

FORCE ET COURAGE
Bon, ce serait bien qu'on le mouche aujourd'hui, il en a besoin là...
OK! Comment ça marche le mouche-bébé?
Il faut enfoncer ce tube dans une narine et aspirer par l'autre bout.
BÂWBÂW
Mmm...
Regarde, comme cha...
SLÛÛÛCK
BWÂÂÂÂ!!!...
Tu veux faire l'autre narine?
MWÂÂÂ!!!...
Oh, tu sais, toi tu es sa mère, il te pardonnera toujours tout! Et puis, comme tu as l'air à l'aise, je vais te laisser faire...
Haha...
GNÂÂÂ!!!
Haaan...T'es pas cool!!!

Bon... Mon chat d'amour... Papa va te moucher, OK? Ça ne me fait pas plaisir et toi tu ne vas pas aimer...
snif!! snif!
Mais c'est important de le faire, pour que tu puisses bien respirer, d'accord?
GÂ!
On y fa!
SLÛÛÛCK
MWÂÂÂ!!!
Pfiouuu!!! Bon ben ça va en fait!
C'est bien mon chat... Tu as été courageux, comme Papa...
Ben voyons!

BÉBÉ FM

OUIIIIIN!!!
Ben alors ??!
Pourquoi il pleure à ton avis ?
Je ne sais pas... Peut-être à cause de la réforme des biberons ? Ou de l'abolition de la taxe bisous ?

QUAND TU AS ACCOUCHÉ IL Y A PEU DE TEMPS

SPÉCIALE DÉDICACE
AUX JEUNES MAMANS
BIP

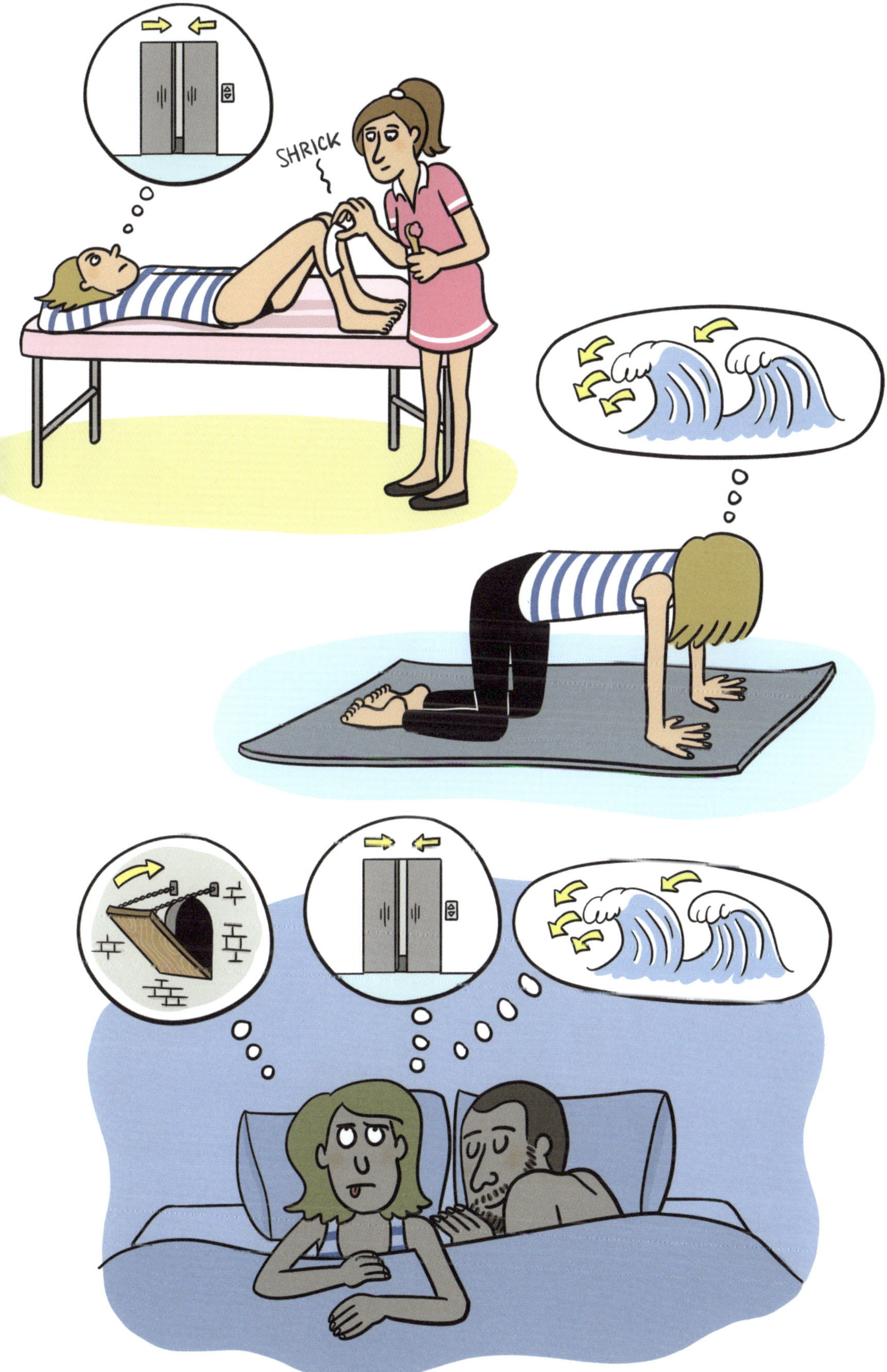
SHRICK

QUEL MODE DE GARDE ?

Ben, il faudrait que ta société avance dix-neuf mille euros.
HEIN ??!
Yep!
... Mais les impôts te remboursent la quasi totalité un an après !
Oui, enfin... C'est abusé quand même !!!
POP
J'avoue ! En plus, tu as déjà vu à quoi ça ressemble une crèche privée à Paris ??
Houla ! C'est des clapiers à lapins...
Merci.
Et sinon, il y a les crèches parentales, mais même là, c'est pas sûr qu'on trouve une place...
C'est quoi une crèche "parentale" ?

C'est une crèche où les parents doivent être disponibles une demi-journée par semaine pour aider là-bas.
Pas mal ça, non ?
MFFF... T'es sérieux ?
Ben quoi ?
Mais tu vas JAMAIS vouloir faire ça !
Bah si, pourquoi pas ?
Non merci !! Ça finira par te gaver et c'est moi qui vais tout me taper...
Et une assistante maternelle ?
FSHH !!
Une assistante mat' c'est ce qu'on peut trouver de mieux je pense !
La PMI m'a filé une liste de noms dans le quartier...
Fais voir.

Pourquoi c'est raturé par endroits ?
J'ai rayé les noms de celles qui se trouvent dans des coins un peu "craignos"...
Mais enfin Tiffany ! C'est presque TOUT raturé !!!
Ben quoi... Ils sont pourris ces quartiers, non ?
Mais ça va pas du tout ça ! On va les appeler une par une et on va les rencontrer AVANT de juger hâtivement !
OH NOOON !!! TROP RELOU ! ça va prendre une plombe !
C'est ce qu'il faut faire, sinon c'est du délit de faciès, Tiffany...
Que tu me saoules quand tu as raison !!!
Et ça, c'est grave !

À LA RECHERCHE DE SUPER NANNY

LA DÉTENDUE DU STRING
Vous êtes en retard...
Ah bon ? Désolée !
Voici la chambre de ma fille...
rien
rien
rien
C'est ici que les enfants jouent...
canapés houssés dans du plastique
fine planche de verre
tapis blanc immaculé
Tous les jouets sont rangés ici, par ordre alphabétique et code couleur...
J'ai BEAUCOUP de demandes. Il faudra me répondre VITE.
Ouiii, comptez sur moi...

LA BARONNE DE ROTHSCHILD
Eh beh bonjoûr!!!
Entrez, entrez!! On était en train de jouer à Candy Crush avec Kylian!
PJIOU! PJIOU!

LA JOIE DE VIVRE INCARNÉE

GENEVIÈVE
Bienvenue chez moi!
WIFWIF WIF!!!
Ah! Vous êtes une amoureuse des arts?
Euh...
Oui, on peut dire ça!
GRRR...
Ça, c'est mes enfants...
Lui c'est Ringo et sur la photo à côté c'est ma fille Jude...
Je suis FAN des Beatles, c'est pour ça, hihi!!
WIF WIF!!

Euh... Vous avez un chien?
WIF WIF WIF!!!
Oui! Ça ne vous dérange pas j'espère!
C'est Chantilly et Paprika, mes chihuahuas!
WIF WIF WIF!!!
Et ça, c'est Isadora et Philibert, les deux autres enfants que je garde...
OOOH!!!
Bébé?

« QUAND TU PRENDS CONFIANCE EN LA CONFIANCE, TU DEVIENS CONFIANT. »

Jean-Claude Van Damme

Wiiii!!!

LE PREMIER JOUR DU RESTE DE TA VIE

WOOHOO!!!
LIBERTÉ!!!
Haha!!
T'es con!
Rhaaa, bordel! Tu peux pas savoir comme je suis contente de retourner bosser!!!
Tu m'étonnes!
Je crois que je vais commencer par faire une sieste à la maison...
Quelle surprise!
J'ai pris des photos marrantes du minou hier, regarde...
OOOH!!!

T'as vu? On dirait une petite cacahuète sur cette photo!!
PFFF!!!
MAIS OUIII!!!
HAHAHA!!
Tu crois qu'il sera comment plus tard?
Aucune idée!!!
Cool, j'espère!
Imagine, s'il est timide, discret et chétif… L'inverse de nous!
Haha! Ce serait trop chelou!!
Si ça se trouve il va être gay!!
Il pourra être qui il veut!!!

Ah ouais ?! Et si il est trans ?
Ça nous apprendra plein de choses !
Moi, je l'aimerai toujours, quoi qu'il fasse...
Même si c'est un serial killer ?
Et s'il devient banquier ? Ou huissier de justice ?
Haha !! BOOORING !!!
OU UN GOTHIQUE DÉPRESSIF ????
L'ANGOISSE !!!
Han ! Ou alors un religieux extrémiste ?
Au fait, je t'ai dit combien d'enfants j'aimerais avoir ?
Euh... non...

Douze...

MERCI à...

Joanne
M.N.
Thomas
mon fils

Imprimé en République tchèque par PBtisk.
Dépôt légal : septembre 2019